ENTRE CIRCO

Y filosofía:

un viaje de autodescubrimiento

ROBERTO RAMÍREZ PLATA

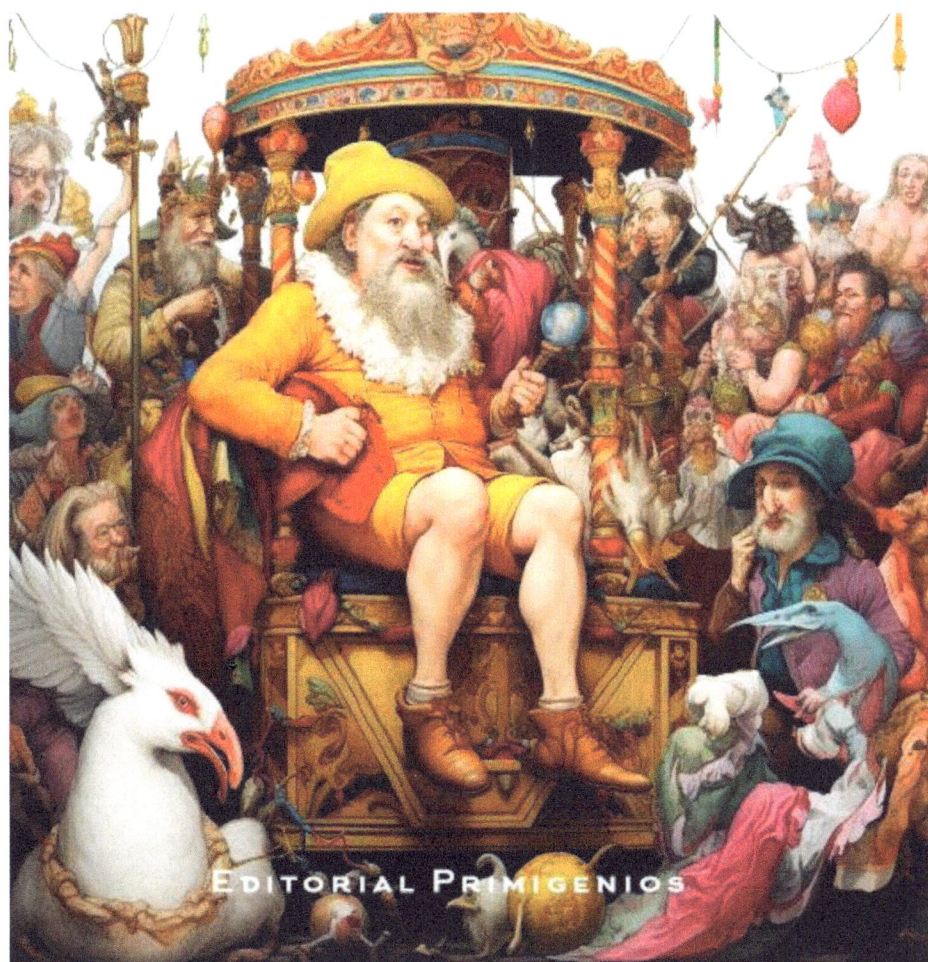

EDITORIAL PRIMIGENIOS

Primera edición, Miami, 2023

© De los textos: Roberto Ramírez Plata
© Del texto de contracubierta: Eduardo René Casanova Ealo
© De la presente edición: Editorial Primigenios
© Del diseño: Eduardo René Casanova Ealo
© De la ilustración de cubierta e interiores: Midjourney
ISBN: 9798864324189

Edita: Editorial Primigenios
Miami, Florida.
Correo electrónico: editorialprimigenios@yahoo.com
Sitio web: https://editorialprimigenios.org

Edición y maquetación: Eduardo René Casanova Ealo

Dedico este pequeño libro
a mis dos grandes amores
mis hijos Roberto Manuel y Victor José.

Los ríos todos van al mar, y el mar no se llena; al lugar de donde los ríos vinieron, allí vuelven para correr de nuevo.

Eclesiastés 1: 7

Hola, Benjamín qué alegría me da encontrarte a esta hora y en esta cafetería. ¿De dónde vienes ya que te veo muy sonriente?

Pues vengo nada más y nada menos que del circo, y me ves sonriente porque desde lejos te vi y me alegró mucho verte para aclarar algunos chismes del pueblo. Pero vengo muy disgustado ya que quisieron mezclar la función del circo con los héroes de la patria, nuestros patriotas, esos muertos que nunca mueren.

¿Cómo es eso, explícate bien por favor?

Para comenzar te digo Federico que es una gran falta de respeto, comenzaron con la presentación de un payaso mudo, tenía que hacer malabarismo en una sociedad donde hablar es un delito y él por su mudez lograba salvarse de las garras de unas hienas.

Presentaron a otro tipo de payaso, uno casi loco, que por sus grandes problemas mentales, digamos que casi un estreñido psicológico, un hombre que cargaba con un trauma más grande que su ambición y cuando llegó a tener poder en un pequeño país, descargó toda su frustración en los ciudadanos, se puede decir que el llegar a ser mudo se convirtió en una virtud nacional.

En ese desventurado país se establecieron escuelas para que la gente pudiera solamente gritar las consignas del payaso atormentado y perverso.»

¿Y sabes cuál fue el colmo?

Que mientras estaba esa presentación el payaso jefe, el perverso, dijo que nos pusiéramos todos de pie para guardar un minuto de silencio por esos" muertos que nunca mueren."

En ese mismo instante salieron unos payasos menos que menores de esos borrachos que nunca faltan, portando unas cartulinas con grandes mansiones, empresas, bancos, haciendas, ¿y qué te imaginas que hizo el payaso degenerado?

Nada más y nada menos que señalar las cartulinas y decir que esa era la herencia que dejaba el servir a la patria, y que esos muertos eran el modelo para llegar a alcanzar la prosperidad, y como modelo se mantenían siempre vivos en nuestra historia.

Eran los muertos que nunca mueren.

En ese preciso instante hubo un silencio sepulcral, en la lejanía se pudo escuchar uno que otro silbido y como truenos que rompían la quietud del cielo un cierto

murmullo que era como un grito de terror de los espectadores, eso me dijeron algunos a la salida de la función pero para mí era indignación de las personas ante el descarado vulgareo que se había hecho de nuestros héroes y altos dirigentes.

La parte buena del circo fue cuando les tocó actuar a las muchachas hermosas y llamativas que forman parte del elenco, todas muy coquetas y gozosas, que invitaban en una sonriente complicidad a quien se atreviera a domar a estas profesionales domadoras. Era un ambiente perfumado de mujeres. Solo se escuchaba el griterío de los hombres y el crujir de dientes de las pocas, poquísimas damas de sociedad que se revolcaban yo diría que de envidia al ver aquellos cuerpos erectos que provocaban a los caballeros ríos de baba imaginándose que cabalgaban en rígida erección.

Bueno Benjamín esto que sucedió en el circo, no es un ave rara, en sociedades cerradas o dirigidas por mentes cerradas se aprovecha cualquier oportunidad para denunciar lo que es imposible hacerlo dentro de los mecanismos normales, como la libre expresión, sin censuras y sin persecución.

No es extraño ver entonces que se prohíban toda clase de aglomeración como las procesiones y se señala como enemigos a quienes se atreven a pensar por sí mismos.

Sería interesante que trates de estudiar la vida de muchos payasos, para mí ese payaso no era un perverso era la voz misma del pueblo, la voz de los que no tienen voz, hay otros que sí son maleantes, como por ejemplo John Wayne Gacy el payaso asesino, un degenerado que era violador de niñas, torturador, asesino y ladrón, hoy vemos a muchos payasos llamados líderes políticos, revolucionarios, comandantes, generales, que aunque se disfracen no pueden ocultar que son discípulos de Cesare Lombroso, delincuentes en potencia hasta por sus rasgos físicos, parásitos consuetudinarios, farsantes y cínicos.

La verdad Benjamín que mejor nos tomamos un par de cervecitas ya que seguir hablando de lo mismo es como arar en el mar y esto es un mal que existe en todos los países, ya se puede afirmar que la política es el arte de enriquecerse ilegalmente bajo la protección de la ley, y así lo demuestran los que se hacen llamar modelos de derechos humanos y democracia.

Cuánta falta hace en estos tiempos aquel historiador y escritor griego, Diógenes Laercio que llamaba las cosas por su nombre y despreciaba las reglas de la tradición.

Se dice que en una ocasión los sacerdotes del templo conducían a la cárcel a una persona por haber robado una vasija del templo, a lo que Diógenes comentó en medio de la multitud que se había reunido disfrutando lo que sucedía, entonces dijo en voz alta con profunda convicción lo siguiente:

Los ladrones grandes llevan preso al pequeño.

En estos tiempos vemos a grandes ladrones conducir a prisión a simples rateros y esto en nombre de la justicia y del Estado de derecho, cuando es una verdad como un templo que en muchos de nuestros países, y hasta en los más encopetados, en los rectores, en los modelos, no hay más justicia que la que compras.

Pobre del ser humano que cae en las manos de jueces corruptos, perversos y mediocres que son desprestigio de la justicia que como una canasta llena de manzanas podridas, la que aún se conserve sana tiende a llenarse de gusanos.

Se cuenta que un día un hombre de esos que viven en casas robadas, que son ricos sin haber trabajado nunca en su vida, le permitió entrar en su casa, la casa que ocupaba ilegalmente, una casa donde se respiraba la riqueza y donde los muebles eran de los más finos materiales y le dijo: te permito que entres a mi lujosa casa, pero te prohíbo que escupas en el suelo.

Diógenes, que tenía ganas de escupir, le lanzó el escupitajo a la cara, gritándole que era el único sitio sucio que había encontrado para poder hacerlo.

Con estas actitudes veríamos a los verdaderos ladrones en las cárceles, las hienas y verdugos desaparecerían, languidecerían tantos espíritus inflamados que caminan orgullosos sintiéndose héroes por tener en su haber toda clase de crímenes y sus manos manchadas de sangre.

No estoy de acuerdo Federico con todo lo que has dicho en lo que respecta a nuestro país bendito, alegre y revolucionario; aquí existe una rendición de cuentas permanente de parte de nuestros dirigentes en todas las instituciones, es una transparencia ejemplar que deberían tomar como modelo otros países que se llenan la boca hablando de democracia. Pero para que llevemos la fiesta en paz es mejor que cambiemos de tema, dime si es verdad lo que escuché por ahí de que ahora estás interesado en asuntos filosóficos, que desde que te sobra tiempo andas explorando esos campos, ¿es verdad eso?

No es exactamente eso Benjamín lo que sucede es que la Pepita estaba pintando un cuadro con su amiga Mollie y me encontró en la biblioteca leyendo algo de filosofía, además que para buscar las interrogantes de la vida no se necesita ser filósofo, es acercarse a la realidad a través de las preguntas.

Se le ha hecho creer al pueblo que la filosofía es una tarea de los intelectuales, de académicos, y esta ha sido una labor de quienes la han convertido en una utilidad, en una fuente de ganancia, la han prostituido y estos rufianes todo lo han hecho por dinero, por premios y recompensas. Por el contrario la filosofía es algo libre, alegre, es para todos sin distinción de clases, de reconocimientos académicos.

Después de que termina de hablar Federico y de tratar de explicarle a Benjamín que la filosofía no debe ni puede estar vedada para la gente común y corriente como él, empieza a buscar en unos apuntes que lleva

bajo el brazo para compartir un poco de desordenados conocimientos con Benjamín.

En el momento mismo que está revisando los papeles en su maletín se le cae un libro y esto causa un alarido de protesta de parte de Benjamín.

Ah no, te quiero advertir Federico que de ese libro no quiero saber nada es de unos cerdos y unos malparidos de mi barrio me llaman el burro Benjamín y yo no soy ningún burro ni cerdo, soy un revolucionario y punto. Si vas a comenzarme a leer lo de ese derechista me levanto y me voy.

Calma, cálmate, Benjamín, no es de ese libro que te quería hablar ni siquiera voy a mencionar nuestro país

bendito y alegre, solamente compartir con vos un po-
quito de filosofía que viene al caso con lo que acabas de
mencionar de la corrupción en general y el daño que se
le causa a la sociedad, así que tranquilo que la *Rebelión
en la granja* de Orwell queda en reposo.

Federico busca un tema específico y corto para compartir con su amigo y así saca por fin algo del imperativo categórico de Kant.

Escucha Benjamín te leeré algo rápido para que veas
que es muy interesante y a lo mejor te reúnes conmigo
una o dos veces por semana para leer algo de filosofía
que es sumamente interesante.

Yo nunca había oído hablar del imperativo categórico y por eso estoy entusiasmado y necesito compartirlo con alguien y nadie mejor que un amigo de juventud como vos.

Aquí vamos, la ley a la que se refiere Kant es el imperativo categórico, es decir que ordenan o mandan a hacer algo, Kant nos habla de dos imperativos los hipotéticos y los categóricos.

Mira Federico habla claro y no me estés hablando en chino, ¿qué es un imperativo hipotético y categórico?

A eso voy amigo, un imperativo hipotético es un mandato circunstancial, una norma que solo debe ser respetada en casos concretos, a manera de ejemplo, si yo digo debo aprender a nadar, el imperativo hipotético me exige que tome clases de natación, condicionado a este caso concreto.

Ahora vamos a ver el imperativo categórico, obligan más allá de nuestros deseos o inclinaciones, un imperativo categórico sería, se debe ser justo, no se debe practicar el engaño. Cuando se habla de justicia no se refiere a los sistemas judiciales que pueden obrar de manera injusta. El que se deba ser justo es desde un punto de vista ético y la ley es la máxima universal. Según Kant solamente los imperativos categóricos son moralmente vinculantes. Todos queremos que los demás sean justos, que los políticos sean honrados, que exista la igualdad ante la ley. Pero cuando entran en juego intereses particulares podemos en determinado momento ser injustos para favorecer a un miembro de nuestra familia o de nuestra filiación política. Por ejemplo no queremos que nos mientan, pero la persona que tenga poder considera que mentir va a aumentar los beneficios económicos de su familia, aquí lo que nos dice Kant es que todos aceptamos teóricamente los imperativos categóricos pero cuando nos los aplicamos a nosotros mismos los aplicamos de forma hipotética, de una forma condicional, nos dice que actuar de esta manera no es propia de gente inteligente aunque quienes así actúan se consideran muy astutos, por el contrario son actos llevados a cabo por personas estúpidas ya que las consecuencias de esta acción sirven para dañar a los mismos que la practican, a su familia y a quienes reciben beneficios inmediatos y hacen un daño irreparable a la sociedad, sea el sistema que sea, llamémosle en este caso, democracia.

Actuar de manera injusta para beneficiarnos es dando luz verde para que todos lo puedan hacer, por ejemplo cubrir el enriquecimiento ilícito, y hacer que todas las instituciones vayan inclinándose día a día a favor de ocultar estas acciones corruptas de enchufados y a este comportamiento de romper el imperativo categórico lo llama Kant, un comportamiento autolítico de la sociedad, termina en hacernos daño a nosotros mismos, ya que estamos institucionalizando el engaño y la mentira como una práctica aceptable para los que son más iguales que otros, aquí puedes ver Benjamín que los cerdos se encuentran en cualquier chiquero llámese este como se llame, sea democracia o totalitarismo. El miedo se apoderará de estas sociedades y llegará el momento que nadie querrá denunciar a estos corruptos por temor a terminar en la cárcel y lo más asqueroso que quienes te acusan desde el poder lo hacen con los recursos de nosotros mismos, los contribuyentes. Esa es la mayor prueba de cinismo y corrupción. Los imbéciles que rompen estas reglas acaban degradando a la sociedad y a ellos mismos.

He tratado ligeramente de explicarte esto que dice Kant para que veas que se aplica a cualquier sistema, él nos dice y esto que quede bien claro que el imperativo categórico es puramente formal, le ética de Kant no nos dice qué tenemos que hacer y qué no ,es la formulación de la universalidad obra de tal manera que se convierta en ley universal, que puedas querer que todos los demás hagan lo que tú haces.

No te parece mi apreciado Federico que ya es suficiente por hoy, lo único que me queda más claro es que existe un chiquero democrático o llamado así para engañar a los burros y el burro no soy yo. Esta gente que proclaman ante el mundo su democracia llevan fuego en una mano y agua en la otra.

Esto que me has tratado de explicar suena bien ya que ojalá que las acciones de tantos vivianes tengan su medio vuelto ya que como dice el dicho, el que traga fuegos, caga chispas.

Benjamín y Federico dejan un momento de filosofar y toman sus cervecitas recordando viejos amores, amores de juventud, ya que ambos fueron enamorados de Pepita una mujer de incontables atributos, saben a ciencia cierta que ella a pesar del paso implacable de los años sigue siendo un apetitoso comestible, y aunque algunos digan que representa las reliquias de su belleza de antaño ellos están seguros de que aún permanecen abiertas muchas avenidas donde se pueden revivir viejos placeres.

Pepita es una verdadera artista, desde hace buen tiempo, desde su divorcio se ha dedicado a la pintura y quienes conocen de este campo aseguran que es excelente en el uso del pincel. Ella sale de vez en cuando a tomarse sus vinitos con algunos amigos artistas y le ha dicho a sus amistades que los tiempos son tan malos, tan malos son que sus únicos pretendientes son un buey y un burro, tan malos son grita en su desesperación que es como caer del buey sobre el burro. Uno se las quiere tirar de filósofo y el otro de gran revolucionario, que tiene como mayor mérito el ser un experto en

besar la aldaba, es decir un adulador del poder, un servil, un cepillo.

Pero dejemos a Pepita que en su propia voz nos diga qué está pensando sobre su pueblo bendito y alegre y sobre su futuro.

Entonces dime Pepita ¿en qué cuadro estás metida ahora?

Nada importante Mollie, trataba de analizar algunas pinturas entre ellas el Carro de Heno y el Jardín de las Delicias del Bosco y mientras más las analizo más me impresionan. Te cuento que hace dos días recibí dos invitaciones para ir a disfrutar frente al mar pero nada más y nada menos que del buey y del burro, qué tristeza cómo escasean los hombres en este país, estamos llenas de bestias tanto así que vemos a bueyes dando cátedra y a burros de naturaleza varia, multiforme y cambiante que se proclaman con orgullo discípulos de Proteo el dios del mar que según la mitología se transforma en olas y estas cambian constantemente, nunca son iguales. Ay, Dios cuántos camaleones en tan pequeño país!

Yo creo Mollie y estoy segura de que las bestias desde el momento mismo que nacen sacan consigo del vientre materno, todo lo que tendrán después, los instintos, sus crímenes, sus robos, su desvergüenza. Te juro mi querida Mollie que hay veces que quisiera salir disparada de este pueblo alegre y bendito y salir corriendo, correr y correr sin parar como si me ardiera el culo.

Mira Pepita yo te entiendo totalmente pero tenemos que pensar dos veces en dar un paso tan importante como es abandonar nuestro querido pueblecito, mi novio al que las malas lenguas le llaman el cuervo hay veces también se siente tentado a abandonar su trabajo, pero este gobierno no se lo perdonaría y le quitarían lo poco que le dejaron sus padres y lo que él pudo hacer trabajando con el gobierno, así que esa idea ya está dentro de un cofre con varios candados. Y a base de la costumbre hemos aprendido a cagar por el mismo agujero y hemos aprendido a aprovechar cada oportunidad sin pensar en la desgracia de los otros, esto es así mi amiga, pero a pesar de todo esto nunca he dejado de quererte como una amiga de toda la vida. Mi novio al que maliciosamente llaman el cuervo me dice todos los días —no te preocupes mi yegua de quién es la casa que se quema mientras puedas calentarte con las llamas; —que no hay

cosa que más le moleste que ver el sol brillando sobre el agua, que aquí todo va viento en popa y como dice

Benjamín, nuestro buen amigo, que las mejores correas son las cortadas del cuero ajeno, a propósito Pepita te manda a decir el cuervo— eso se lo digo con cariño— que hagamos un viaje al mar los cuatro y te empates de una vez con este excelente discípulo de Proteo.

Gracias mi buena amiga pero prefiero quedarme con el Bosco y con mi pincel,

No creas Mollie que estoy desesperada por tener una relación a cualquier precio y con cualquier cosa, por experiencia te digo que yo, esta que ves aquí estuvo mucho tiempo en el horno y le tengo horror a ese fuego.

Pero sí te puedo asegurar que cuando estuve en mi relación me procuré todo el gusto posible, nuca le puse cadenas a mis inclinaciones o instintos.

Yo abrazaba, besaba, encendía las llamas de la pasión, y ponía manos a la obra dándole gusto al ejecutante. Pero te confieso que mi posición favorita era, la iglesia sobre el campanario. En mi familia me decían una y otra vez que dejara lo que me hacía daño y yo seguía disfrutando de aquella relación tóxica y salvaje. Por eso mi padre decía que la cabra siempre tira al monte.

Yo no le prestaba atención a mi padre porque me imaginaba que estaba influenciado por su mujer, mi madrastra a la que yo le puse con toda justicia, el mapamundi de la familia, jamás en mi vida había visto una mujer tan ancha como aquella. En honor a la verdad muchas veces la naturaleza nos sorprende por ser tan exuberante.

Te juro por lo que quieras, por mis antepasados, por los huesos de todos ellos que ya no estoy dispuesta a echar rosas a los cerdos ya sean estos de derecha o de izquierda, ni a tener que lidiar con quienes tienen piedras en la cabeza, así que dile a tu amado cuervo que gracias por la invitación pero que yo estoy en pie bajo mi propia luz.

Bueno Pepita si eso quieres yo te respeto, al menos tienes tu distracción en tus cuadros y en esos artistas que vienen a ser como tus amantes; yo en cambio he aprendido hasta con el mismo cuervo que hay que aprender a agacharse con pasión para poder sentir hasta lo más profundo el calor de la vela y por lo tanto saber ponerle la capa azul a mi cuervo para que no se vea tan oscuro.

Una vez que han terminado de conversar las dos amigas, Mollie se retira porque tiene que hacer unas cuantas visitas antes de regresar a su casa, no tiene prisa en llegar ya que el cuervo se encuentra trabajando, vigilando que nada se altere en el país de la alegría.

Mientras va rumbo a visitar al primer cliente, va pensando, la verdad es que: hagas bien, hagas mal, perro negro te han de llamar."

Pepita en cambio se queda embelesada con sus cuadros y haciendo investigaciones sobre otros pintores, ella se acuesta y se levanta con ellos.

Me gusta mucho Federico la explicación que me has dado sobre el libro de los cerdos, y con estas frías que nos hemos tomado se me ha aclarado muchísimo más la mente, sobre todo con los jodidos cerdos que hasta antes de conversar con vos seguía pensando que eran solo de izquierda y ahora me doy cuenta que también son cerdos de derecha, cerdos que se hacen llamar demócratas porque cada cierto tiempo eligen a uno de ellos para seguir poniendo una cortina de humo a todos sus abusos y a toda su delincuencia. Siendo así estoy dispuesto a que me sigas leyendo cositas importantes para poder defenderme de tanto mal intencionado que existe en el pueblo.

Cuánto me alegra Benjamín que me acompañes en esta misión de poder penetrar en los laberintos de la filosofía y buscar respuestas ante tantas interrogantes.

Mañana que estemos en mejor condición y no tan desvelados nos podemos encontrar en la biblioteca o en el parque de los lamentos para continuar con nuestra lección.

Hola Benjamín me alegra volver a verte yo llegué temprano a nuestro parque como decidimos ayer, y estoy revisando algunas notas para ver qué podemos investigar el día de hoy, pero antes deja que te diga que pasó la tal Pepita, la que nos ha despreciado y me dijo algo que no pude entender, algo así como que dejara de soplar en el oído.

Tu eres un filósofo de pueblo y no debes ponerle atención a personas como la Pepita que aunque me tiene loco no dejo de reconocer que se ha vuelto muy engreída .

Yo lo sé Benjamín pero no dejo de reconocer que es una artista en todo el sentido de la palabra a diferencia de su amiga Mollie que parece quiere recibir clases de pintura pero que a pesar de ser un bonito plato está vacío. A mí me encanta la Pepita que siendo un bonito plato está llena, llenísima de sustancia. ¡Cómo la deseo!

Pasemos pues a la lección del día de hoy, te parece Benjamín?

Voy a comenzar con una sencilla pregunta.

¿En qué cree el hombre moderno?

Escucha bien Benjamín, te la voy a contestar en muy pocas palabras; el hombre moderno no cree en nada, no cree en la política, en los políticos, en la religión, en lo que sí ha llegado a creer es que todo es falso.

Después de esta pregunta vamos a resumir el pensamiento de un filósofo que es considerado el mayor de los asesinos.

¿No me digas Federico que ahora vamos a hablar del asesino de Dios?

Vamos a hablar de Friedrich Nietzsche, pero estás equivocado Benjamín él no fue el asesino de Dios, lo que hizo fue divulgar la muerte de Dios.

Antes de entrar en materia me gustaría hacerlo con una frase de un poeta iluminado, Friedrich Hölderlin:

"El hombre es un dios cuando sueña y un mendigo cuando reflexiona."

Lo que sí podemos afirmar es que Nietzsche fue el asesino de las ideas viejas y de los prejuicios preconcebidos.

En el nacimiento de la tragedia podemos conocer mejor el pensamiento de este pensador, en realidad de verdad él no fue filósofo, ni hizo cursos de filosofía.

No me digas Federico que fue un autodidacta como vos?

Él estudió filología y fue brillante, eso lo podemos ver en su obra que nos abre los ojos ante tantas nubes que estaban llenas de prejuicios.

Nietzsche no solamente se inspiró en los griegos sino que tuvo un conocimiento directo, fue a raíz de sus lecturas de los griegos cuando entró en contacto con el pensamiento de los pre socráticos.

Por lo tanto para entender a este filósofo es necesario conocer a los griegos.

El nacimiento de la tragedia fue su primera obra de juventud. En el prólogo de esta obra podemos leer: La especie más lograda de hombres habidos hasta ahora, la más bella, la más envidiada, la que más seduce a vivir, los griegos y después se pregunta si ellos tuvieron necesidad de la tragedia, ¿para qué?

No podemos olvidar que los griegos crearon valores, formas de comprender el mundo y de estudiarlo que aún en nuestro tiempo siguen siendo elevadas y vigentes.

Tuvieron un inmenso poder creador, y esto causa asombro a los hombres de todas las épocas .

Fueron tan exigentes en la originalidad y en la innovación que es admirable cómo rechazaban los tradicionalismos, tuvieron una desbordante capacidad creadora.

Según Nietzsche los griegos definieron el camino para poder llegar a ser un verdadero ser humano, completo, plenamente realizado y llegar a ser feliz, es decir se refieren a que la humanidad es una aspiración, es una meta, y se necesita fuerza, responsabilidad, y voluntad para querer salir de este estado de animalidad.

Un ejemplo es el arte que es una capacidad de todo ser humano, pero si no lo educamos, no habrá arte. Ya que afirman que solo con el verdadero desarrollo del ser humano se alcanza la verdadera felicidad, plena del hombre, vinculada con la humanidad.

Los griegos hacían una distinción entre ciudadanos y ser humano.

Los ciudadanos se distinguían por poseer dos cualidades, racionalidad y autonomía.

Opinaban que no todos podían opinar, que no todos estaban capacitados para tomar decisiones que afectaran el destino del país.

Para los griegos la política era una actividad muy importante, excelsa que demandaba el más alto nivel de educación .

Espera Federico, no sigas, me llama la atención que siendo esto así, es decir para los griegos participar en política no era para cualquiera, y entonces ¿qué pasaría para las masas, los que conocemos como los cerdos de derecha, bueno y para no discutir con vos, con los cerdos de izquierda también?

Bueno Benjamín estamos hablando del pensamiento griego y es necesario conocer de todo un poco, te digo que yo jamás había leído a Nietzsche y a decir verdad a ningún filósofo pero ahora que lo empiezo a hacer tengo mis confusiones y trato de entender al menos algo. Lo que sí me preocupa es que seamos dirigidos por cerdos y que conviertan a nuestros países en verdaderos chiqueros donde prevalezca la ignorancia y la dependencia.

Necesitamos en estos tiempos un ser humano libre con plena autonomía y que decida por su propia voluntad elegir el camino hacia su verdadera felicidad.

Nietzsche nos habla también del bien y del mal, ir más allá del bien y del mal, la ética se debe comprender como forma del arte.

Es la única que garantiza la libertad, de crear el mundo que queremos, no debe haber nada sagrado en la ética. La imaginación debe de estar detrás de conceptos como justo, bien y mal.

Te soy honesto Benjamín que hay veces quisiera tirar la toalla ya que siento que caigo en un laberinto, pero me niego a rendirme cuando veo que estos conocimientos por muy pocos que sean pueden ayudar en algo a limpiar o enterrar para siempre los chiqueros.

Y como este estudio sobre Nietzsche y otros de su mismo calibre nos enseñan el camino para salir de nuestra zona de confort, de dejar de arrastrarnos por un hueso, de revolcarnos en un chiquero, de ver para otro lado cuando un totalitario o demócrata juega con el dinero de los contribuyentes, cuando sus hijos son elevados a condición de seres humanos y cuando deberían ser ellos los huéspedes permanentes de los presidios.

Aprendemos mi amigo a saber rechazar la tradición, el conformismo de que unos son más iguales que otros, llevar a la acción estas ideas nos llevan a despojarnos de nuestra condición de ovejas, y nos da el valor de enfrentarnos a los amos, digamos a los cerdos como el cerdo Napoleón de que nos habla Orwell. Aunque la modernidad nos ha demostrado que hay otros cerdos más sofisticados, más cínicos que se envuelven en banderas de democracia y ellos se convierten en la ley misma que aplican con todo rigor al resto del pueblo teniendo como los mejores cómplices a quienes no quieren ser libres porque esto implica mayor responsabilidad.

Cuando leímos sobre la tragedia lo que decían los griegos no era como un ejemplo de lo que teníamos que sufrir sino por el contrario eran un estímulo para auto fortalecerse, un heroico ejercicio de la libertad y solo este ejercicio de la libertad puede modificar el mundo.

Hay muchos conceptos que han sido superados y de eso tenemos que estar bien claros, por ejemplo la distinción que hacían los griegos de ciudadano y ser humano, el concepto se ha universalizado y es un derecho de todos poder opinar y participar en la función pública. Pero siguen teniendo vigencia muchos de las ideas que nos legaron como el coraje y la valentía.

Te voy a regalar este pequeño folleto para que en tu casa lo leas y te aclare muchas cosas como cuando nos dice Nietzsche que la moral es para ayudar al ser humano.

La ética nos dice cambia igual que los movimientos artísticos, es una obra del artificio humano y esta concepción es la única que garantiza la libertad.

¿Y cómo se puede conseguir esto?

Con la imaginación que debe de estar detrás de conceptos como la justicia, el bien y el mal. En otras palabras no hay nada sagrado, intocable en el arte y así mismo debe de ser la ética. Aquí cabe otra pregunta, quién impone la moral?

No es sobrenatural, la imponen hombres que por este medio quieren dominar al ser humano al llenarlo de miedo y este miedo es fuente de odio, de resentimiento, al convertirse en rebaño al servicio voluntario o involuntario de intereses creados.

Por el contrario lo que se necesita es fortalecer al individuo en lugar de disminuirlo, que se llene de originalidad, de creatividad, aprender a esculpirnos nosotros mismos.

No te parece Federico que es hora de que descansemos un poco ya es hora de lanzarnos un par de frías puesto que el calor es insoportable?, te digo que a pesar de tanta información me siento contento ya que podré sostener una conversación con mi Pepita y tal vez se fija en mí, aunque sé que vos le andas tirando el cuento también, vamos a ver quién gana esta partida del amor.

De esta manera los dos amigos dejan por un momento los libros y toman un descanso tomando unas cuantas cervezas, sentado en una mesa algo distante se encontraba nada más y nada menos que el cuervo, un sapo asalariado de los servicios de inteligencia, todo el pueblo sabía que siendo bueno para nada se ganaba la vida chivateando a toda alma nacida. Con los pies arriba de la mesa y su teléfono celular hablaba a grito partido que él era leal al gobierno, este cuento no se lo creía nadie ya que esa lealtad estaba basada en los billetes que recibía, su hoja de servicio lo situaba al lado del gobernante o tirano de turno, había combatido según él con las armas a las dictaduras, había fundado partidos políticos como una buena fuente de ingreso, en pocas palabras era un camaleón con ínfulas de grandeza, él se creía poseedor de una gran dignidad.

Una vez que se levantó de la mesa pasó saludando a Federico y a Benjamín y con un abrazo fraternal les dijo, ya ustedes saben que hablar mucho, o pensar en contra de nuestro gobierno es un delito así que espero que ustedes no sean carne de presidio.

Y a propósito ¿qué son tantos libros, qué están leyendo?

Benjamín que sabía bien el terreno que pisaba por andar bailando el mismo son, se apresuró a decir, estos son libros de mierda, así que estamos matando el tiempo y hablando mierda.

Cuando el cuervo se retira Federico se tira una sonora carcajada y le dice a Benjamín que cuando dijo que hablaban mierda le recordó una fábula del monito. ¿Cuál es esa fábula Federico, dímela?

Resulta que en la selva se le rendía honor al león como el rey, era el único, se paseaba con elegancia, todos lo saludaban, dependiendo cómo amaneciera respondía o no el saludo, buenos días señor león, y él movía la cabeza, cuando estaba aburrido se paraba un rato a conversar con los demás animales a quienes veía por debajo del hombro, era *vox populi* entre los animales que era arrogante, hasta imbécil pero tenía el don de la fuerza y de las armas y esto causaba terror.

Un día de tantos, un poco soleado un monito inofensivo se subió a un árbol y empezó a hacer ejercicios muy seriamente, brincaba de una rama a la otra y la primera vez no llamó la atención pero esto se repetía todos los días, así que llegó un día una cebra y se paró debajo del árbol y le preguntó, qué haces monito? El monito con voz fuerte y autoritaria contestó: haciendo ejercicio para darle su merecido al león, darle una buena verguada y que se le bajen esos humos de gran señor. Inmediatamente se corrió la bola en toda la selva y empezaron a desfilar todos los animales y se paraban debajo del árbol y le preguntaban lo mismo y la respuesta era igual, el monito se estaba preparando para arrastrar al león, habían muchos animales que deseaban eso porque odiaban al acomplejado león pero sabían que las posibilidades eran cero, otros se divertían creyéndolo loquito y otros los sapos hacían creer que se enfurecían y los cerdos empezaron a gruñir con elocuencia, con mucha retórica esa era su manera de protestar la insolencia del monito.

No había pasado mucho tiempo de esta especie de circo donde todos los animales se divertían cuando presuroso y agitado llegó un sapo donde el león y le dijo que un insignificante estaba hablando mal de su majestad, el león ni corto ni perezoso se fue al lugar indicado y situado debajo del árbol preguntó con un grito que estremeció la selva: qué haces mono?

El pobre monito cuando vio al león empezó a temblar de miedo y con la voz entrecortada, casi como un rumor dijo: oh, mi señor, mi líder, mi amo, mi rey, este su súbdito está aquí hablando mierdas.

El león aplaudió y le dio las gracias porque había puesto a prueba la lealtad del resto de los animales y el sapo de esa manera fue ascendido de rango como jefe de su ejército personal o como ministro de su gabinete.

Cuando el león se había retirado el monito dio un grito de furia contenida y dijo: Sangriento eres, sangriento será tu fin.-

Hasta aquí la fábula Benjamín espero la hayas disfrutado.

Una vez que se rieron un rato volvieron a abrir los libros y continuaron con su tarea.

Te quiero advertir Federico que hay que tener mucho cuidado con lo que estamos leyendo no vaya a ser que por esta pequeñez nos provoque una tempestad.

Bueno Benjamín esto me recuerda una frase de otro filósofo que estudiaremos a su tiempo ya que es vital para que nos preparemos bien, yo lo empecé a hojear la semana pasada su nombre es Martín Heidegger y dijo: Todo lo grande está en medio de la tempestad.

Y saber Federico que mi tempestad es mi Pepita, una pepita de oro, la sueño, la amo en silencio, la beso, la extraño, la siento mía.

No te preocupes Benjamín vuélvete un soldado como Rubén Darío que durmió en el lecho de Cleopatra, y a vos te toca dormir en el lecho de Pepita, para eso tienes que abrir las compuertas de la imaginación, recuerda lo que dijo nuestro filósofo de hoy sobre la imaginación. Tienes que hacer que la plenitud de tu corazón se desborde en palabras y entrarás en las profundidades del amor con la poesía del corazón.

El reto que tenemos es leer y leer, perdernos en sus laberintos pero no rendirnos nunca, y si logras hablar con el corazón serás un poeta y te dirán como alguien dijo: "Oh poeta, tu nada explicas pero gracias a ti todas las cosas se vuelven explicables."

Qué interesante Federico lo que dices sobre la poesía pero me interesaría saber más sobre ese filósofo que habla que la grandeza se encuentra en la tempestad, el apellido es bastante raro pero deberíamos estudiarlo la próxima vez.

Te puedo adelantar un poco de lo que he podido saber de él, pero para que veas las diferencias que hay entre estos filósofos te recuerdo que Nietzsche dijo que Dios había muerto y te expliqué que lo que hizo fue anunciar la muerte de Dios y no haberlo asesinado, en la siguiente reunión que tengamos te voy a ampliar un poco más esta idea, pero lo que quiso decir es que había sido un asesinato colectivo, que ese asesinato fue el resultado que los hombres viven desorientados, que su rebaño le dio finalmente muerte. Cuando hables de este tema con Pepita y digas que Dios ha muerto y te pregunte que quién lo mató, le puedes responder para que vea que también sabes algo de literatura, que lo asesinó: ¡Fuente Ovejuna lo hizo!

Explícame, Federico, ¿eso qué significa? ¿Qué las ovejas lo mataron en una fuente?

No amigo, el viernes te voy a pasar dejando por tu casa un libro de Lope de Vega y así tendrás argumentos para compartir con tu Pepita de oro; pero volviendo al tema de la filosofía y de Heidegger me gustaría que escucharas lo que él dijo cuando le preguntaron ¿qué sentido tenía filosofar cuando se es cristiano? Porque él era creyente. Que si tenía la revelación de Dios que ganaba con filosofar.

Con una admirable serenidad contestó que como cristiano tenía la respuesta:

"La filosofía se hace con palabras, crea en nosotros una sensibilidad a las palabras y nos hace escuchar, nos enseña a saber escuchar. Si usted hace filosofía y escucha lo que dicen las palabras va a estar mucho más cerca de la palabra de Dios".

Qué maravilla Federico ya espero con ansias cuando estudiemos a este personaje tan interesante.

De seguro que lo vamos a hacer y podremos darnos cuenta de que todas las cosas son contradictorias en sí mismas, y ello es lo más esencial. Te prometo Benjamín que me voy a preparar en esta materia y también estudiaremos a otro filósofo que dice que Dios se hace sobre la marcha. Y encontraremos otros que por fe creen que una serpiente habló, y que desde entonces existe la condenación; y que las murallas de Jericó cayeron al sonido de las trompetas; y que hasta la mula de Balaam habló con gran oratoria.

Por eso me propongo estudiar todos los pensamientos, por muy contradictorios que sean, darle la bienvenida a la polémica, al libre juego de las ideas, para evitar que se lleguen a fosilizar y queden con el olor de agua estancada.

Te soy franco Benjamín que hay muchas cosas de las cuales no estoy muy claro, me pierdo entre tantas ideas, y con mi desordenada lectura muchas veces me encuentro en un laberinto, pero no me rindo y sigo hacia delante sin importar los obstáculos, como te decía antes entre estos pensadores hay una infinidad de contradicciones pero eso es lo que enriquece el conocimiento. Me recuerdo ligeramente que un filósofo afirmaba que los personajes malvados son volubles e interesantes, mientras que los bondadosos y sencillos, algo así como pendejos, se hacen aburridos y siempre son iguales. Por estos caminos anda otro que dice que Dios no es el creador del mundo, sino que el mundo es parte de Dios.

Se nos hizo tarde Federico, ya es hora de que cada uno vaya buscando su nido, pero me voy cargado de ilusiones, esperando que más pronto que tarde deslumbrar a mi Pepita y en la realidad convertirme en su soldado y compartir su lecho.

Hasta el viernes a las once de la mañana en este mismo parque de las lamentaciones y te prometo que voy a traer unos temas interesantes y así nos volveremos interesantes en este país de ciegos, solo que algo cambie a última hora nos veríamos en la biblioteca pero nos hablamos con tiempo.

Se despiden con un abrazo fraterno estos dos amigos a quienes el destino los ha colocado en aceras diferentes pero que tienen en común el deseo de superarse a cualquier costa, ya sea por conquistar un amor, por vanidad, por genuino deseo de saber, de tener conocimientos, por necesidad, por hastío y repugnancia de vivir entre el mercantilismo y la masificación.

Ambos buscan algo nuevo, algo que los saque de la manipulación que ejercen por un lado los que utilizan la herramienta del dinero para silenciar a los ciudadanos por medio del empobrecimiento y por el otro los que utilizan un alto grado de energía criminal.

Ya lo expresó con toda claridad Camus en su obra *El Extranjero*: En un universo privado de ilusiones y de luces, el hombre se siente extranjero. Es un destierro sin remedio, pues está privado de los recuerdos de una patria o de la esperanza de una tierra prometida.

Espera Benjamín se me olvidaba darte este artículo que cayó en mis manos y te lo doy para que veas que no soy ningún fanático, ni adorador de nadie. Ya hay algunas voces que acusan a este articulista de ser de izquierda, enemigo de la libertad. Te voy a leer una parte y en la calma de tu casa lo lees desde el principio:

Cuando grupos criminales se apoderan de sus países y prostituyen todas las instituciones poniéndolas al servicio de sus ambiciones personales, para ocultar sus actos de corrupción, y aquí me refiero tanto a grupos llegados al poder por medios legítimos, como a dictaduras, en ambos casos asistimos a la metástasis de esos países y a su propio fin.

Desde hace muchos años se están violando los derechos humanos en las cárceles de los EEUU ante la vista indiferente de los paladines de la democracia. Un ejemplo lo encontramos en las cárceles privadas que se han convertido en un gran negocio lucrativo en nombre de la democracia y del libre mercado pero no es otra cosa que el mercado del compadrazgo y del tráfico de influencias que está sirviendo para matar el libre mercado y la democracia.

Y para que este negocio sea rentable se necesita que el número de presos tiene que aumentar constantemente.

El gobierno estadounidense le paga a los propietarios de las cárceles por cada preso, lo que significa que es un estímulo para los honorables y democráticos empresarios tener más huéspedes en sus centros de detención .

Hay quienes afirman que los policías tienen algunos incentivos para enviar más personas a las cárceles y esto lo hacen contando con el respaldo de fiscales y jueces. Si esto es cierto no me consta pero no hay ninguna investigación al respecto. Lo más repugnante es que si un alto funcionario de la administración pública es acusado de algún delito se puede defender usando los recursos del Estado, departamento de justicia y otros, por ejemplo se les acusa de enriquecimiento ilícito, de tráfico de influencias, de defraudar la confianza de la población pero ese funcionario puede hacer uso del dinero de los contribuyentes a quienes ha robado para defenderse.

Volviendo a lo de las cárceles privadas se conoce que las víctimas principales son personas de bajos ingresos y de minorías étnicas, convirtiéndose este procedimiento en claras y sistemáticas violaciones de los derechos humanos; muchos de estos presos no tienen cómo pagar un abogado mientras los delincuentes de cuello blanco cuentan con todo el aparato judicial pagado por los contribuyentes. Hay que destacar que la criminalización de la inmigración les cae como anillo al dedo a los honorables representantes del libre mercado, asesinos del libre mercado, algo que no está muy lejos del tráfico de influencias.

Difícil es romper este círculo vicioso cuando este negocio goza del amparo de los padres de la corrupción en nombre de la libre empresa y la democracia.

Hay un tema muy importante y es la independencia del poder judicial, queda en entredicho cuando el presidente tiene la facultad de nombrar y despedir al procurador general de la República, y en este caso la tan cacareada independencia se vuelve de medio pelo; y otro asunto no menos importante es que el presidente, dígase el poder ejecutivo puede otorgar perdón presidencial a delincuentes debidamente sentenciados,— pisoteando al poder judicial—, delincuentes como traficantes de drogas que llegan a esas tierras a envenenar a la juventud, terminando muchos en prisión, y ellos regresan a sus guaridas gozando de esos perdones, eso en nombre de la tan manoseada Seguridad Nacional...

Hasta aquí te voy a leer este artículo, no quise dártelo antes para no salirme del tema, y quiero volver a coger el hilo sobre la educación y la necesidad que tenemos de superarnos aunque nuestras clases sean un poco bohemias y desordenadas, un poco contradictorias, pero creo que es un deber poner al menos un granito de arena cuando vemos que la verdad es hija del poder, y de lo políticamente correcto.

El deseo, la necesidad de superación se respira en todo el pueblo, un pueblo que no se resigna a vivir bajo el terror o bajo la manipulación.

Gracias Federico, lo que me has leído está super interesante, lo voy a leer de principio a fin en cuanto llegue a la casa y en cuanto pueda trataré de tocar esos temas con pepita.

Pepita se encuentra desde muy temprano en la biblioteca esperando a su amiga Mollie que quiere aprender algo de historia y de pintura, es una reunión que sostienen desde hace un buen tiempo y que les ha dado excelentes resultados.

Disculpa Pepita pero se me hizo tarde, tuve que ir a hacer unas compras al mercado y a hacer de tripas corazones, esta vida está cada día más cara, y mi cuervo no me da lo suficiente, poque dice que lo que le dan para gastos diarios no le alcanza, esos gastos son para ir a los lugares públicos y estar atento a lo que se habla, lo que se planea, lo que la gente piensa, en fin todo un mundo del alto espionaje como dice el pobre y para mí no es más que un bufón.

Ahora que dices eso Mollie ,eso de bufón, mejor nos referimos a él como Perejón que fue un bufón famoso en lugar de seguir llamándolo cuervo o sapo, se escucha más elegante, digamos que más atractivo.

A propósito sabes lo que me dijo mi cuervo, ay, se me olvida, mi Pingón.

No, no Mollie no es pingón es Perejón, aprende bien el nombre ,

Al fin al cabo es algo parecido Pepita, te estaba diciendo que mi sapo, digo el bufón ese, me dijo que Benjamín se está preparando, que se está cultivando para estar a tu altura y que todo eso lo hace para que te sientas bien con él. Volvió a insistir que te invitemos a unas cuantas copitas de vino.

Ahora que hablas del vino Mollie, me recuerdo un pensamiento de Borges, el que estudiamos hace dos semanas, dijo:

"Vino, enséñame el arte de ver mi propia historia, como si esta ya fuera ceniza en la memoria."

Tantas cosas que hemos aprendido de Borges un insigne escritor al que le fue negado el nobel de literatura por racistas resentidos, en una ocasión se refirió a ciertas vanidades raciales que poseen en mayor medida los tontos y los maleantes.

Gracias, muchas gracias mi querida Pepita por el libro que me regalaste de Borges, *Siete noches*, lo estoy disfrutando, te lo digo con el corazón en la mano que estas clases de literatura, de historia y de pintura me han ayudado a entender la complejidad del mundo, estoy vuelta loca por leer el que me trajiste hace una semana, el de Chesterton, *Enormes Minucias*, ese debe ser una verdadera joya, de verdad que eres un tesoro amiga.

De eso se trata Mollie que vivamos nuestra verdadera vida, digo y repito, nuestra, muy nuestra, no la que quieren que vivamos los tiranos o manipuladores, que descartemos de una vez por todas esos conceptos de derecha y de izquierda, la corrupción y el cinismo campean en ambos campamentos, donde prevalece el nepotismo, el clientelismo estatal, y la literatura exige imaginación y libertad, y los cínicos no sirven para construir sino para destruir lo poco que queda en pie.

Recuerda que algunas de las virtudes de Borges eran la curiosidad y la lectura, esas virtudes son las que tenemos que cultivar con permanente amor.

Nuestras reuniones se basan en eso precisamente en estimular la lectura y en hacer volar la imaginación. No creas Mollie que yo no estoy contenta al ver cómo has disfrutado estas reuniones y te confieso que yo he aprendido cantidad, enseñando me he enseñado.

Y te has dado cuenta de que la situación económica no nos ha permitido viajar a como lo hacíamos antes pero hemos aprendido que viajar es quedarse en casa, hemos recorrido el mundo de las alas de los mejores pensadores, ha sido una de las mejores vacaciones y de la más productiva universidad.

Así es Pepita, por eso estoy poniendo todo mi esfuerzo que mi bufón se una a estos grupos de estudio, le dije que hablara con Federico o con Benjamín y me dijo que él no habla ni con bueyes ni burros, se ha vuelto muy arrogante, y el pobre no sabe que el día menos pensado le pegan un par de patadas por el culo y hasta lo pueden desaparecer.

Yo te puedo jurar amiga que yo haré de mi pingón o como se llame, alguien diferente entre los iguales. Si quiere seguir siendo servil que lo haga pero desde otra posición, él tiene estudios de periodismo y puede conseguir un programa donde adule a los poderosos, sin tener que andar metido en bares de mala muerte, en parques, en taxis, en restaurantes menos que menores.

Tienes mucha razón Mollie está en tus manos hacer que Perejón vaya cambiando poco a poco, lo primero es integrarlo en el grupo de nuestros amigos, que por cierto un pajarito me dijo que andas en ciertos líos amorosos con Federico, haces bien, ya que no tienes compromiso serio con el sapo, perdón se me olvida con Perejón, ahora entiendo por qué no me volvió a decir nada y ha dejado el campo abierto a Benjamín.

Espero que no lo mates como mataste de amor al cadáver viviente de Jerónimo que todo mundo dice que es un muerto vivo que murió de amor, y que tú lo mataste.

Nada de eso Pepita, mi arma fue otra, fue de dulzura, y eso su acongojado corazón no lo pudo soportar. Me encantó un poema divino que leí en el libro que me regalaste de Alfonsina Storni, y aquí te lo leo para que lo recuerdes:

Mas no lo maté con armas,
Le di una muerte peor:
¡Lo besé tan dulcemente
Que le partí el corazón!

Y esa ha sido mi vida, una vida intensa en la que no me han faltado grandes amores, pero mientras más grandes y apasionadas fueron mis relaciones, más profundas han sido mis ansias.

Y es que recuerda esto Pepita, que el viento del tiempo jamás deja de soplar. Y estos vientos, estas tempestades, estas pasiones, estas llamas, mantienen alerta el corazón, ya que soy de aquellas que sueñan con la libertad aunque esto implique romper con los códigos de comportamiento social; igual que tu mi querida amiga, nunca quise, no quiero, ni querré ser una mujer florero.

Mi actitud ante la vida no me ha dejado exenta de la envidia de mucha gente, ya que como tú sabes, la envidia es un empequeñecimiento del ser humano ya que sienten molestias por las cosas buenas que le suceden a los otros.

Por eso el envidioso llora cuando los demás ríen y ríen cuando los otros lloran.

Me gustaría recordarte la fábula del envidioso, pero no sé si tenemos tiempo Pepita, sino lo dejamos para otro día.

No Mollie, tenemos todo el tiempo del mundo, puedes decírmela, yo estoy muy contenta contigo ya que aprendo mucho también.

Rápidamente te diré la fábula del envidioso:

Había una vez en un reino dos empleados que todo el tiempo estaban peleando, discutiendo, se tenían recelos, una envidia que era superior a sus fuerzas.

Por eso ,el rey una vez decidió reunir a uno de ellos y le dijo: Pídeme lo que quieras y te lo daré. Pero, te advierto que a tu enemigo le daré el doble. El hombre guardó silencio un rato y se quedó meditando y preguntó para estar seguro, me estás diciendo que le darás el doble de lo que yo pida? Sí contestó el rey. Entonces mi rey te pido de todo corazón que me quites un ojo. Con eso, él quedaría tuerto, pero el otro quedaría completamente ciego. Ahí tienes lo que es capaz el envidioso, tuerto con tal de ver al otro ciego.

Bellísimo Mollie, y te felicito por seguir recogiendo las rosas de la vida antes de que estas se marchiten, sin prestar oídos a tantas envidiosas ,pero sigamos con nuestro curso.

Mezclando un poco de historia, de literatura con tu realidad mi querida Mollie, tú tienes en tus manos el cambiar a un bufón y a un buey y convertirte en una verdadera musa, ya que siempre se ha dicho que por las musas los hombres reciben la sabiduría de los dioses, leyendo la historia nos damos cuenta de que en la famosa biblioteca de Alejandría había un salón dedicado a las musas. En tus manos está el cambiar el destino de estos dos hombres y poco a poco lograremos que este zoológico en que se ha convertido nuestro país bendito vaya adquiriendo condición de personas., y te aconsejo que no pierdas el tiempo ya que el amor es como el vidrio, se rompe fácilmente, con mucha mayor razón los placeres, y con tu cuerpo, tu chispa, tu carga erótica o sexual, y además todos tus conocimientos te puedo asegurar que todo lo puedes lograr. Recuerda que lo extraordinario no se mide en términos de tiempo.

Quiero que sepas Pepita que es cierto que he tenido uno que otro encuentro con Federico y para ser sincera me siento a mis anchas, su medida está hecha para mí, y el pobre vive tan estresado que necesita de su yegua,- bueno así me dice por cariño-, cada vez que tengo un encuentro con él me siento una mujer totalmente realizada, con un espíritu libre, y sabe cómo penetrarme hasta lo más profundo de mi alma.

Sin embargo estoy considerando seriamente en quedarme con él, y que el pingón que no es pingón, es simplemente un bufón vuelva al lugar de donde nunca debió haber salido.

Yo sé que debería tener un poco de compasión, de generosidad, pero esto no puede dar como resultado el desinterés por mí misma. Yo quiero sentirme funcional sin la necesidad de estar dándole vida a nadie.

Creo Pepita que eso no es ser egoísta, es pensar en mí y amarme yo misma. Por supuesto que en el andar por la vida esto en algunas ocasiones puede ocasionar algún tipo de sufrimiento pero sirve para alejarnos del victimismo, y romper las anclas que nos mantienen sujetas al pasado. En determinadas circunstancias puede ser que probemos dónde nos realizamos mejor, dónde cabemos bien, pero no podemos estar permanentemente encerradas en nuestras cárceles mentales. Hay que luchar para que las aguas se separen y pasar airosas entre ellas.

En uno de los libros que me regalaste pude leer un pensamiento muy sabio y profundo.

Y es algo que habla de la felicidad, de la puerta a la felicidad. Aprendemos que la puerta a la felicidad se abre hacia adentro.

Esto significa que la cerramos permanentemente si la buscamos afuera, aunque la empujemos con toda la fuerza posible. Nuestro amor y nuestro sufrimiento son la llave que nos conduce a abrir nuestra puerta, nuestro interior, nuestros más profundos sentimientos y tenemos que ser dignas hasta de nuestro sufrimiento, de nuestras luces y de nuestras oscuridades.

En cuanto a lo que dices que en mis manos está cambiar la vida del bufón y del buey te quiero contestar con aquel refrán español que dice:

Quien entre dos sillas se sienta da con el culo en tierra.

En cuanto a Federico me parece que la diferencia de edad entre ustedes es bastante, dime Mollie no te sientes mal al estar con un hombre tan mayor?

Pues para que sepas que no, me parece que estamos hechos el uno para el otro, me dice con mucha pasión que huelo a primavera y que le he devuelto juventud. Y viejos son los mares y arrojan peces frescos.

Me alegra mucho por Federico y por ti que eres una mujer excepcional, una verdadera guerrera, que no se rinde jamás, siempre has dicho que no puedes pasar un minuto sin amor, esto me hace recordar lo que una vez dijo Walt Whitman, al que estudiaremos a su debido tiempo, dijo: El que camina un minuto sin amor camina amortajado hacia su propio funeral.- Te felicito porque nunca has estado encadenada al pasado y tampoco has permitido que el futuro te torture, por eso sabes atrapar el presente y vivirlo; ese ha sido tu verdadero cielo.

Como ya estamos casi terminando de estudiar a Borges quiero que anotes lo que dijo en una ocasión, siempre es bueno que tengamos la mayor información posible de todos los autores que estudiamos, dijo:

El infierno y el paraíso me parecen desproporcionados. Los actos de los hombres no merecen tanto.

Como puedes ver cuestionaba la existencia de que había algo más allá de nuestra vida terrenal, algo parecido de lo que hemos visto con algunos filósofos.

Aunque la verdad es que lo que es intenso, profundo, lo que estremece las entrañas, tiene en sí el paraíso y el infierno.

Por experiencia sabemos que el paraíso lo podemos imaginar, ¿y por qué no?, lo podemos vivir superando los retos de la vida y también a través de nuestra imaginación. ¡Bendita imaginación!

En cambio el infierno lo sentimos día a día .

Ya hemos hablado de amores, de literatura, creo que ya es hora de que nos dediquemos un poco a la pintura, ya que es mi gran pasión.

Hoy vamos a analizar un cuadro que es más pensamiento que pintura.

El Carro de heno de El Bosco

Pero antes hagamos un recorrido por otros que han servido de inspiración al que vamos a estudiar el día de hoy.

Se dice que el Bosco escogió la paja, el heno porque en la biblia la paja se utiliza para recalcar la temporalidad. El apóstol Pedro dijo *que toda carne es como hierba*. Y la hierba se seca y la flor se cae.

Y lo que le ha interesado a la humanidad ha sido la acumulación de riqueza y la vanidad de la vida. En este cuadro el Bosco incluyó escenas de la vida cotidiana. Aquí por primera vez representa temas profanos, es un carro de heno arrastrado por demonios.

No podemos olvidar que en su tiempo existía un gran vínculo entre la iglesia y el arte.

Podemos ver que es una alegoría de la avaricia y deja bien claro que al hombre le interesa más el bienestar material que el espiritual y la vida eterna y la avaricia del hombre dará lugar a la nada.

Con maestría plasma imágenes alegóricas.

Mira bien Mollie y verás a la izquierda a un monje bebiendo y unas monjas llenan un saco con grandes cantidades de paja. Es una sátira del interés de los religiosos a quienes les apasiona lo material. Sin embargo no solamente se refiere a la clase religiosa, en esta obra encontramos que todas las clases sociales están desesperadas por conseguir su parte de heno en el carro, lo que quiere decir que han caído víctimas de la avaricia y quieren ser parte de los placeres y las riquezas.

En la izquierda del cuadro se puede apreciar cómo reyes, papas, emperadores, altos funcionarios, empresarios, no tienen ningún problema para alcanzar su buena porción de placer, en la actualidad vemos a este tipo de personas cómo por sus posiciones se enriquecen de la noche a la mañana debido al tráfico de influencia ya sea dentro del paragua de la democracia o del autoritarismo. También podemos ver a las clases menos favorecidas, digamos los de a pie, que no les resulta tan fácil coger su pedazo de riqueza, podríamos decir un poco del pastel. Estos tienen que matarse entre ellos mismos, pobres matando pobres, estos se ven atacados por demonios, en la actualidad los vemos en los cuerpos policiales y de seguridad al servicio de quienes los explotan y pisotean persiguiendo y pateando a los de su misma clase, los que tienen que buscar el pan hasta por debajo de las piedras.

Tienes razón Pepita eso lo vemos aquí mismo en nuestro país bendito y revolucionario, cómo echan a pelear a los más necesitados mientras los manipuladores se dan la gran vida derrochando el dinero de sus naciones.

Eso mismo Mollie, dicen los entendidos en la materia que esta escena que nos deja el Bosco puede estar basada en un proverbio flamenco que dice: - El mundo es un carro de heno, del cual cada uno toma lo que puede.-

En este alboroto que podemos ver alrededor del carro de heno, encontramos al Papa y hasta descalzos buscando la manera de arrancar algún puñado de paja.

No creas Mollie que es por casualidad que estamos estudiando este cuadro, lo hice a propósito para poder tener una base para entender el otro cuadro que hoy mismo vamos a estudiar. Te digo que este cuadro es una sátira de un mundo materialista, insensible, egoísta, mezquino, que por sus ambiciones personales ha abandonado a Dios.

Qué casualidad Pepita que mi Federico me habló que está estudiando con el burro a un filósofo que dijo que Dios había muerto.

Y por lo que veo el crimen es de vieja data, el ser humano ha matado a Dios, al que muchos se han apoderado hasta de él para su propio enriquecimiento y de esa forma vemos a pastores convertidos en los magnates de Dios, el Dios de las riquezas, de las grandezas, el Dios de la alcurnia.

Tienes toda la razón Mollie, el Bosco fue un pintor moralizante y un crítico honesto de su tiempo. Nos muestra la bajeza y debilidad del ser humano al caer rendido, a los pies de las riquezas que son efímeras.

La obra es de Pieter Bruegel, El Viejo.

Con tiempo vamos a analizar otras de sus obras muy importantes como el Jardín de las Delicias, y hay una en particular que la vamos a estudiar casi clandestinamente debido a que podrán pensar que estamos hablando mal de la gente del gobierno, la obra es, La extracción de la piedra de la Locura.- Y como has de saber aquí hay una cantidad considerable de loquitos que se creen ungidos de Dios, son infalibles, lo que piensan tiene que pensar todo el que viva en estas tierras, en fin estos locos son extremadamente peligrosos y es mejor que no piensen siquiera que nos estamos refiriendo a ellos, si esto llegara a suceder se acabaron nuestras clases y nos mandan a pasar una temporada al presidio o al exilio donde también habría necesidad de extraer una mina de piedras.

Yo creo mi querida amiga que ya debemos entrar en materia y analizar aunque sea brevemente la pintura que nos ocupa el día de hoy.

Es una obra moral que nos muestra el triunfo de la muerte sobre las cosas efímeras de este mundo. Encontramos escenas muy parecidas a las del Bosco, podemos ver que se encuentran representadas todas las clases sociales y de nada les sirve ni el poder ni la devoción para poder salvarse.

Mira bien el cuadro Mollie y verás el cielo oscurecido por ciudades enteras que arden, pareciera como una fiesta de fin de año, hay de todo un poco, pero es el fin de la vida.

Vemos las ruedas de los condenados, donde mueren todos. Las campanas están sonando que el mundo se ha acabado, que se acerca algo nuevo.

Te puedes dar cuenta cómo la muerte violenta se lleva a moros y cristianos, a ricos y pobres, a humildes y arrogantes, a honrados y ladrones.

Algo muy interesante es ese reloj de arena que puedes ver ahí, está puesto para anunciar que el tiempo se ha acabado y nosotros somos tiempo. Un reloj que bien puede tener la inscripción:- todas las horas hieren, la última mata.-

Hay algunos que con su piedra en la cabeza pretenden con su dinero comprar un poco más de vida, pero se dan cuenta que es imposible ya que el tiempo se ha terminado.

Y vemos que la caravana pasa llevándose a todo el que encuentra, es la caravana de la muerte.

Piensa Mollie en el libro que estudiamos de García Márquez, -*Crónica de una muerte anunciada*.- Lo que vemos en este cuadro es lo mismo, pero es la muerte de la humanidad, que ha sido anunciada por todas partes y nosotros hemos vuelto la cara para convertirnos en estatua de sal, es decir para no ver nada y quedar paralizados. Y se produce el toque de trompetas que saca del parálisis a quienes nunca quisieron ni ver ni escuchar.

Aunque a mí me surge una pregunta, si hubiesen oído y escuchado, si hubiésemos cambiado de actitud, esto sería diferente?

La verdad amiga es que no hay forma de escapar, el destino nos tiene deparado ese final, en esas redes terminaremos, el hilo de la vida se va a terminar.

Tengo muchas dudas, un verdadero laberinto, tal vez alguna piedra descansa en mi cerebro, pero te lo digo con toda mi alma, mi corazón, mi espíritu, mi vida, mi querida Mollie, pero he llegado a creer que *El Triunfo de la Muerte* es el triunfo de la vida.

Y la humanidad entera será parte del triunfo cuando estemos inexorablemente formando parte de esa nueva estancia.

La humanidad por siglos ha vivido en ese territorio hostil que nos presenta el cuadro, muchos, muchas, en nuestras vidas hemos estado allí, en los incendios, en las humaredas, es verdad que quizás hemos sobrevivido a este infierno terrenal, pero sobrevivir no es salir vivo, debemos asumir lo inevitable, las reglas de la vida.

Lo dijo Gracián con mucha sabiduría:

Prepárate para la muerte, es menester meditarla muchas veces antes, para acertar a hacerla bien una sola después.

Nos estremece ese silencio de muerte, pero no es silencio sereno, es el silencio del horror, el ser humano prisionero de su destino. Estamos ante la presencia de un silencio engañoso que nos alcanzará tocando su propia melodía .

Espera Pepita, allí veo una madre muerta y un niño y ese niño parece que va a ser devorado por un perro. Qué significa todo eso, por favor explícame?

Todo eso vemos Mollie, y si te fijas, muchas escenas más, todo eso tiene un mensaje que con nuestras limitaciones tratamos de comprender.

Lo que nos trata de decir El Viejo ,- para que no te sientas mal Mollie con tu viejo el filósofo de Federico, que los viejos siempre tienen algo bueno que decir por sus experiencias.- Digo que lo que nos dice es que nadie es inocente, ya sean niños, hombres, jóvenes, verdugos, víctimas, la muerte iguala a todo el mundo. La muerte desde este punto de vista no es justa!

Otra pregunta que me surge con todo esto, es que acaso solo en la muerte seremos iguales?

En la muerte no habrá unos más iguales que otros al menos eso es lo que se desprende de lo que podemos saber.

Lo que vemos es un mundo desolado, sin sol, ese es el horizonte de la humanidad donde no existirán los diezmos, ni los magnates de Dios, ni riquezas, ni diferencias de clase.

Por lo tanto, tenemos que estar clarísimos que la muerte no es selectiva, ni personalizada, se lleva en el alma al bueno y al malo. Es fría y sin sentimientos como el mar. ¿Y si nosotros somos la muerte no seremos también como el mar, o somos el mar?

Una escena que llena de espanto es ver a un hombre con los ojos vendados que se encuentra orando y no encuentra consuelo en su triste soledad ya que será aniquilado irremediablemente. Sepultadas para siempre quedarán todas sus creencias, su sueño de lo que pensaba era su porvenir. Hay quienes afirman que es un disparate castigar por faltas o pecados finitos con un castigo infinito. Volvemos a Borges,- los actos de los hombres no merecen tanto.-

En alguna parte decían que se abrirían las fosas, esas se están abriendo desde que existen los sunamis, los maremotos eso por obra de la naturaleza. Pero hay otras que se abren por avaricia, para hacer construcciones en esos lugares y ganar dinero.

No hay duda de que en este cuadro encontramos más pensamiento que pintura.

El Viejo nos entrega su pensamiento elevado, profundo, un verdadero filósofo.

Es el momento de enfocarnos directamente en el cuadro y su origen, así que toma nota Mollie para que cambies impresiones con tu adorado tormento, ojalá dejes al bufón y te empates seriamente con el filósofo para que no estés sentada en dos sillas. Vamos a incursionar en un poco de historia.

Se afirma y con toda razón que esta pintura de El Viejo es un claro testimonio de la profunda huella que la epidemia dejó en su conciencia que no fue en su época pero que la vivió por medio de inspiración con los cuadros del Bosco. Me refiero a la llamada peste negra que impactó la historia de la civilización por el terrible sufrimiento humano que causó. La devastación fue algo terrible, esta epidemia conocida como peste bubónica, o peste negra, y también como muerte negra sirvió para transformar toda la sociedad europea, no vamos a detenernos mucho tiempo en su origen, pero brevemente te diré que la bacteria llegó del Asia, siguiendo la ruta de la seda transportada por las pulgas, el nombre científico que se le dio fue Yersinia Pestis.

Según los expertos las muertes causadas por esta epidemia fueron entre el 60% y 70% de la población europea. Una cosa sí es cierta que con la peste se empezó a transformar el concepto de divinidad. Y otra cosa que no es menos cierta es que para los medievales las enfermedades eran consideradas como castigos enviados por Dios, y esto no nos debería de sorprender ya que si nos remitimos a las pruebas podemos encontrar fácilmente estos castigos en diferentes etapas de la vida del ser humano.

Podemos empezar por la expulsión del paraíso, no podemos olvidar el diluvio, las plagas, castigando a su propio pueblo y a sus enemigos.

Con la enfermedad Dios vendría a probar el carácter moral del individuo, a medir su nivel espiritual. ¡Oh, Job!

Lo que se pensaba era que la divinidad estaba provocando la muerte de la mayor parte de la población europea.

Esta tragedia, esta epidemia, como todas las tragedias tuvo varias fases; la primera fue despertar, aumentar el fervor religioso, la gente se arrodillaba en todas partes, levantaban los ojos al cielo suplicando misericordia, los usureros juraban que no volverían a robar, los adúlteros que se retirarían de esos caminos de placeres, los mentirosos que caminarían con la verdad, los sacerdotes no daban a vasto con tantas peticiones, las iglesias se volvieron diminutas, las procesiones se encontraban en cada esquina, los santos eran llevados en hombros por pecadores arrepentidos.

Vino de pronto lo inesperado, en el horizonte se vislumbraban sombras de horror y de muerte.

Empezaron a caer como fruto podrido los monjes, los sacerdotes y hasta los Papas.

El pueblo empezó a tener sus dudas al ver que los hombres de iglesia también caían vencidos por la epidemia.

Y empezaron las murmuraciones, los chismosos y calumniadores salieron del closet, y los rumores iban cogiendo cada día más fuerza.

Los más aventados empezaron a hablar de la corrupción de la iglesia y que la divinidad les estaba pasando la cuenta.

La pregunta que se hacía la gente era:

Está castigando Dios la degradación de una iglesia cada vez más corrupta, será que la corrupción espiritual se encuentra también en el seno de la iglesia?

Como puedes ver Mollie, la peste negra era un barco gigante cargado de grandes sorpresas, y despertaba en el pueblo sentimientos encontrados; primero sirvió para fomentar la fe y después para rebelarse contra esos llamados representantes de Dios. El pueblo se sintió engañado, y burlado, lo cual no podían perdonar.

De esta manera la peste negra empezaba a hacer zozobrar las bases institucionales de la iglesia.

Ante estos hechos la iglesia no permaneció indiferente y empezaron a organizar una serie de rituales, de misas, toda clase de actos religiosos para detener la plaga, más todo fue en vano, las súplicas a la divinidad fueron totalmente ineficaces. La gente empezó a buscar otras religiones y otras formas de espiritualidad.

Como no encontraban una solución para detener la plaga, empezaron a estudiar otras causas que podrían haber causado la ira divina.

Los poetas y pensadores cantaban con su pluma en medio de aquel dolor, como lo dijo Boccaccio en *El Decamerón:*

¡Cuántos hombres valientes, cuántas mujeres her-
mosas, desayunan con sus parientes y la misma noche
cenan con sus antepasados en el otro mundo!

La transformación era total, se crearon sectas hasta dentro de los monasterios donde enterraban a los monjes en masa.

Buscando responsables de esta plaga, de este castigo divino, se fijaron en los judíos y esto dio comienzo al hostigamiento contra las comunidades judías.

La acusación contra los judíos era que ellos realizaban ciertos actos conspirativos para dañar a los cristianos. Los historiadores afirman que debido a esas acusaciones en la ciudad de Estrasburgo dos mil judíos fueron quemados vivos. Y en Alemania comunidades enteras judías fueron exterminadas. ¿Qué te parece Mollie?

Escuchando todo eso mi querida Pepita ya no sabemos en quién creer y quién es quién, parece que eso de los asesinatos colectivos es una vieja práctica.

Lo que nos enseña la historia mi buena amiga Mollie es que toda moneda tiene dos caras, esta tragedia, este sufrimiento, este dolor también produjo algo bueno.

A manera de ejemplo te puedo citar el libro del *Decamerón* de Boccaccio que vivió en plena peste y en el cual se inspiró El Viejo que no era viejo, para su obra de *El Triunfo de la Muerte*, este libro también lo estaremos estudiando en nuestro curso bohemio, es decir desordenado, confuso, contradictorio, y hasta clandestino para evitar el zarpazo de los cerdos que tienen las armas, estos enfermos mentales piensan que todos somos sus esclavos y quieren que pensemos como ellos.

Dicen por ahí, en nuestro pueblo que uno de estos nuevos ricos, léase ladrones puso una propiedad en el campo en venta y sin sonrojarse la ofreció de la siguiente manera: *Vendo hermosa propiedad en el campo con diez vaquillas, tres toros, cuatro loros de colores, de lujo, una hermosa casa y tres almas.* Tal como lo oyes para este cerdo la gente que le trabajaba eran sujetos de venta, parte del mobiliario y bienes de la propiedad.

Te mencioné el libro de Boccaccio que pronto estudiaremos, pero a grosso modo, te diré que este libro brindó en su tiempo a la gente de a pie la rarísima oportunidad en ese tiempo, de que ellos fueran los verdaderos protagonistas, algo parecido a las estrellas de la película.

Volviendo a lo que estábamos hablando de que toda tragedia tiene su lado positivo, lo mismo ocurrió con la peste negra y con algunos factores ambientales que azotaron Europa, y con el hambre producto de guerras como la de cien años entre Inglaterra y Francia.

Todo este conjunto de desgracias produjo millones de muertos, y precisamente cuando se entraba en pleno Renacimiento, los que llegaron fueron los que lograron sobrevivir, y estos fueron los más jóvenes, que además heredaron las fortunas de sus padres o abuelos que habían sido cobijados por la muerte negra.

Eso me alegra Pepita, ya que la historia se puede volver a repetir, y nosotras las jóvenes podríamos enderezar este país y ubicar a tanto cerdo en sus chiqueros de donde nunca debieron haber salido.

Como te iba diciendo esa sangre nueva provocó una nueva interpretación del mundo.

Renovaron todo, absolutamente todo, la vida, el entusiasmo, el amor, las relaciones que eran clandestinas vieron la luz del sol, renovaron la libertad, la justicia, el bien y el mal, de la muerte, se puede decir que se nadaba en ríos de amor en busca del mar de la felicidad. En el Renacimiento europeo, tanto poetas, como músicos, pintores, escritores, el arte en general, celebraban una muerte buena, la que se llegó a ver como parte del ciclo de la vida.

Ojo aquí Mollie, no podemos olvidar lo que los griegos decían que el asunto principal no era evitar la muerte, lo más importante era elegir la actitud ante su destino, y aceptarlo con el mayor valor y dignidad .

Como ya estamos terminando esta pequeña clase del día de hoy, y habiendo hecho un somero resumen de algo de historia, de literatura, y hasta alguito de filosofía, lo que nos queda es hacer un simple bosquejo del *Triunfo de la Muerte*.

Salgamos pues a mar abierto izando la vela de la fantasía y nademos confundiéndonos como parte de sus olas que son una imagen del amor.

Ya Jorge Luis Borges lo dijo:

> Antes que el cielo tejiera mitologías y cosmogonía, antes que el tiempo se acuñara en días, el mar, el siempre mar, ya estaba y era...
> ¿Quién es el mar, quién soy?
> Lo sabré el día ulterior que sucede a la agonía.

Después de leer una parte de este bello poema sobre el mar, yo creo que el mar es nuestro destino y siendo la humanidad río o arroyo nos dirigimos a un inmenso y bello oleaje de eternidad y de amor.

Por eso cuando trato de comprender el cuadro de *El Triunfo de la Muerte*, no me detengo a contemplar imágenes de horror, ni esqueletos, ni tumbas, como si esto fuera ajeno a nosotros, lo que vemos en él, eso seremos mañana, los nuevos esqueletos, toda esa presencia como dantesca es un espejo de lo que seremos. ¿Por qué asustarnos si para allá vamos y a esperar a los que vienen detrás?

¿O es que acaso hemos sido infectados por la epidemia de los cerdos que se creen más iguales que otros?

Antes de concluir mi querida Mollie quiero hacerlo con un pensamiento de Khalil Gibran que encontré entre mis apuntes ya que lo único que había leído de él antes de encontrar este pensamiento, -es *El loco*,- así que si estamos locas bienvenida sea la locura que nos hace decir lo que pensamos.

Te lo voy a leer literalmente, dijo:

Dicen que antes de entrar en el mar, el RIO tiembla de miedo, mira para atrás, para todo el día recorrido, para las cumbres y las montañas, para el largo y sinuoso camino que atravesó entre selvas y pueblos, y ve hacia adelante un océano tan extenso, que entrar en él es nada más que desaparecer para siempre. Pero no existe otra manera. El río no puede volver. Volver es imposible en la existencia. El río precisa arriesgarse y entrar al océano. Solamente al entrar en él, el miedo desaparecerá, porque apenas en ese momento, sabrá que no se trata de desaparecer en él, sino volverse océano.

Como puedes ver Mollie, lo que debemos de superar es el miedo a la muerte, esforzarnos en este mundo por ser felices, pasaremos por toda clase de tempestades pero tenemos que izar nuestras velas para vencer los retos y siendo como ríos entrar sin temor al Triunfo de la Muerte que es la eternidad, y por fin, seremos Mar. Esperemos con firmeza la tormenta a pesar de que esta nos encuentre a cielo descubierto.

Y la podamos recibir con tres antiguas plegarias fenicias que nos menciona Borges en una de sus tantas disertaciones de un relato de Kipling donde podemos ver de manera ejemplar el sentimiento de la llegada de la muerte:

La primera es:

Madre de Cartago, devuelvo el remo.

La segunda :

Duermo, luego vuelvo a remar.

La tercera:

Dioses, no me juzguéis como un dios sino como un hombre a quien ha destrozado el mar.

Esos hombres concebían la vida como una eterna navegación.

Nosotras sigamos remando con gritos de alegría y de esperanza sin lamentaciones ni angustias y seremos olas, un hermoso sueño.

Quisiera terminar este relato con unos versos luminosos de *La vida es sueño* de Pedro Calderón de la Barca:

Qué es la vida? Un frenesí.
Qué es la vida? Una ilusión.
Una sombra, una ficción.
Y el mayor bien es pequeño.
Que toda la vida es sueño.
Y los sueños, sueños son.

Vi un cielo nuevo y una tierra nueva; porque el primer cielo y la primera tierra pasaron, y el mar ya no existía más.

Apocalipsis 21: 1

Roberto Ramírez Plata
Septiembre 2023

Del autor

Roberto Ramírez Plata, Masaya, Nicaragua. Estudió leyes en su país natal. Se gradúa de reportero de noticias en el Koubek Center, de la Universidad de Miami, actualmente se dedica a la actividad de bienes raíces en los Estados Unidos. Ha publicado varios libros en el género de narrativa. Su trayectoria literaria ha sido reconocida por la casa editorial Publicaciones Entre Líneas, con la Distinción Pluma de Plata. También su libro *La Odisea por Polifemo* fue nominado al Premio de Literatura en Español **Carmen Luisa Pinto** en el año 2014 y en 2015 su libro *Onésimo y Filemón, en un viaje sin regreso*, ganó la Mención Especial del jurado de ese mismo premio.

En el 2022 fueron publicados sus libros *Cartas a Caronte* y *A los pies de la montaña que arde*, ambos por la Editorial Primigenios.

Otros títulos de Roberto Ramírez Plata

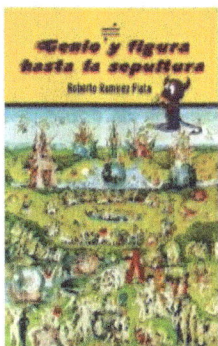

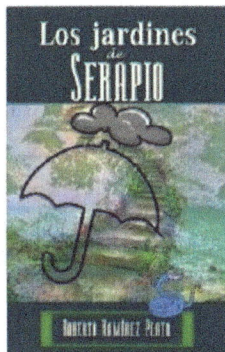

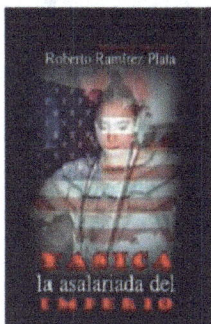

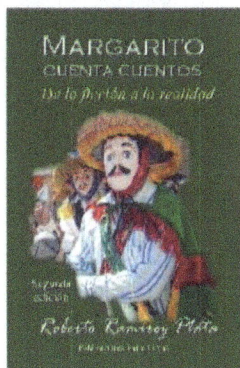

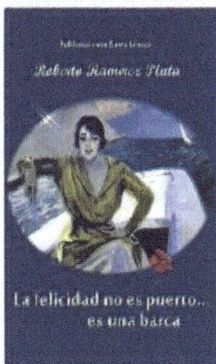

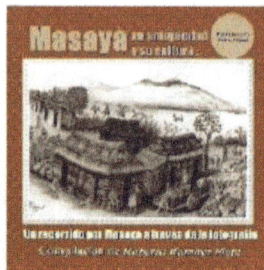

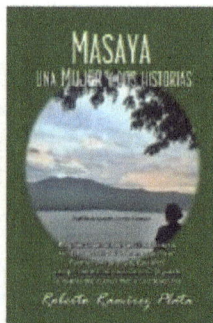

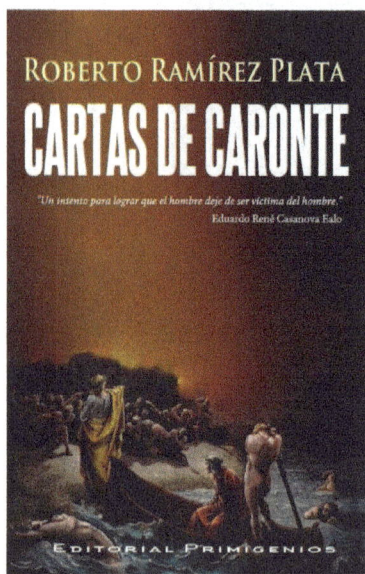

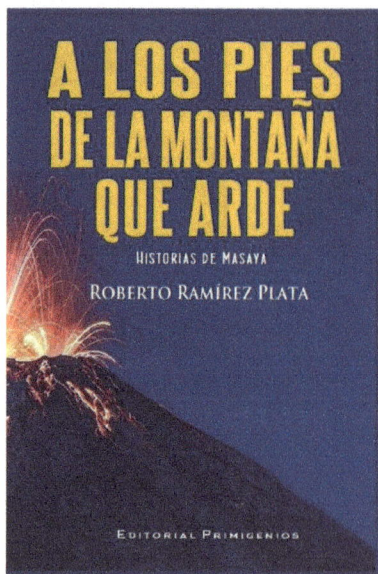

FUNDACIÓN

PRIMIGENIOS

Made in the USA
Las Vegas, NV
11 November 2023